AF175485

Impressum
Verlag: BABADADA GmbH, Nedderfeld 112 , 22529 Hamburg
Geschäftsführer / Verlagsleitung: Harald Hof
Druck: Books on Demand GmbH, In de Tarpen 42, 22848 Norderstedt

Imprint
Publisher: BABADADA GmbH, Nedderfeld 112 , 22529 Hamburg, Germany
Managing Director / Publishing direction: Harald Hof
Print: Books on Demand GmbH, In de Tarpen 42, 22848 Norderstedt, Germany

chu
dividieren

186/2

hei ban
Tafel

jiao shi
Klassenzimmer

xiao yuan
Schulhof

lao shi
Lehrer

zhi
Papier

shu xie
schreiben

gang bi
Stift

ban gong zhuo
Schreibtisch

zhi chi
Lineal

shu
Buch

xue sheng
Schüler

shu bao

Ranzen

qian bi he

Federmappe

qian bi

Bleistift

juan bi dao

Bleistiftanspitzer

xiang pi ca

Radiergummi

hua ban

Zeichenblock

tu hua

Zeichnung

hua bi

Pinsel

yan liao he

Malkasten

jian dao

Schere

jiao shui

Klebstoff

lian xi ce

Übungsheft

jia ting zuo ye

Hausaufgabe

shu zi

Zahl

jia

addieren

jian

subtrahieren

cheng

multiplizieren

ji suan

rechnen

zi mu

Buchstabe

zi mu biao

Alphabet

zi

Wort

ke wen

Text

du

lesen

fen bi

Kreide

shang ke

Stunde

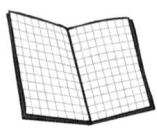

deng ji

Klassenbuch

kao shi

Prüfung

zheng shu

Zeugnis

xiao fu

Schuluniform

jiao yu

Ausbildung

bai ke quan shu

Lexikon

da xue

Universität

xian wei jing

Mikroskop

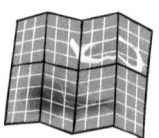

di tu

Karte

fei zhi kuang

Papierkorb

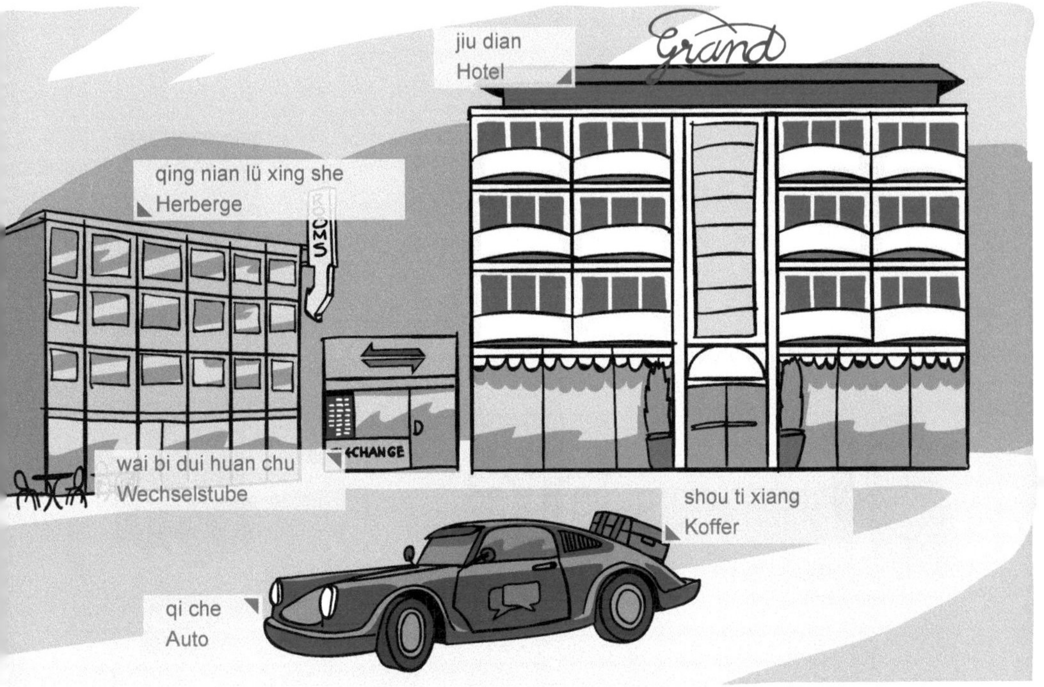
jiu dian
Hotel
Grand
qing nian lü xing she
Herberge
ROOMS
wai bi dui huan chu
Wechselstube
EXCHANGE
shou ti xiang
Koffer
qi che
Auto

yu yan

Sprache

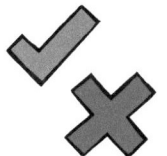

shi/fou

ja / nein

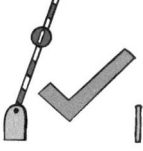

hao de

Okay

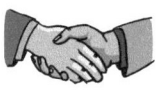

nin hao

Hallo

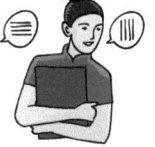

fan yi yuan

Übersetzer

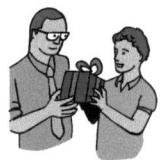

xie xie

Danke

......duo shao qian?

Was kostet...?

wo bu ming bai

Ich verstehe nicht

wen ti

Problem

wan shang hao!

Guten Abend!

zao shang hao!

Guten Morgen!

wan an!

Gute Nacht!

zai jian

Auf Wiedersehen

fang xiang

Richtung

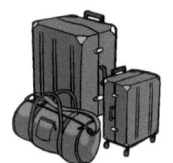

xing li

Gepäck

bao

Tasche

shuang jian bao

Rucksack

ke ren

Gast

fang jian

Zimmer

shui dai

Schlafsack

zhang peng

Zelt

lü you xin xi

Touristeninformation

hai tan

Strand

xin yong ka

Kreditkarte

zao can

Frühstück

wu can

Mittagessen

wan can

Abendessen

piao

Fahrkarte

dian ti

Fahrstuhl

you piao

Briefmarke

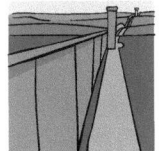

bian jie

Grenze

hai guan

Zoll

da shi guan

Botschaft

qian zheng

Visum

hu zhao

Pass

Transport

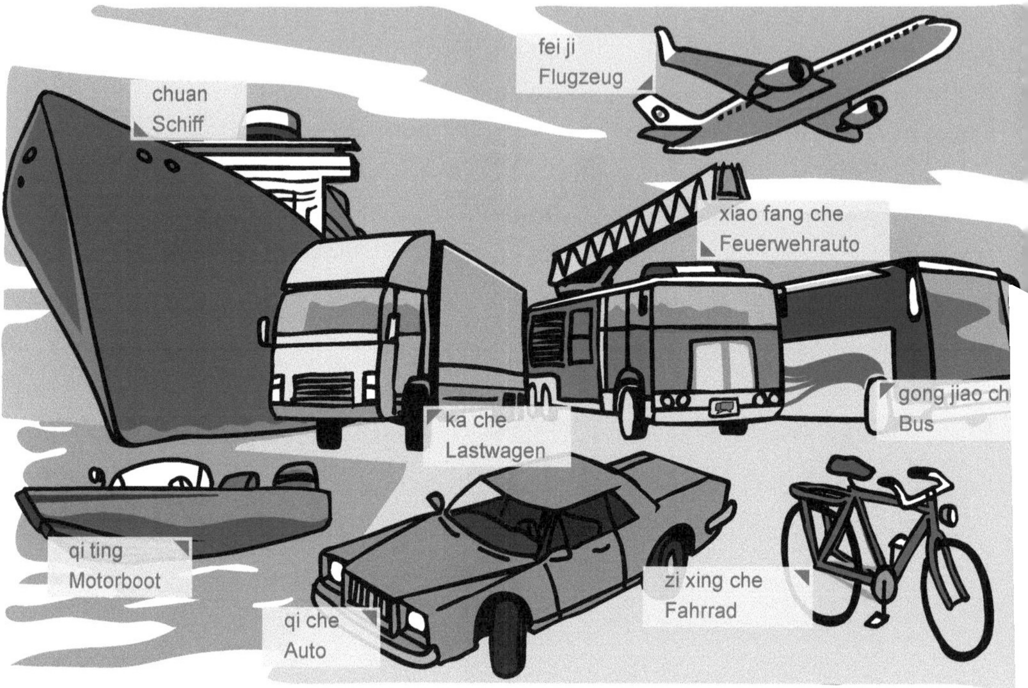
fei ji
Flugzeug
chuan
Schiff
xiao fang che
Feuerwehrauto
ka che
Lastwagen
gong jiao ch
Bus
qi ting
Motorboot
zi xing che
Fahrrad
qi che
Auto

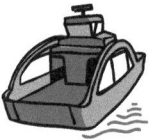

bai du chuan

Fähre

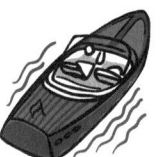

xiao chuan

Boot

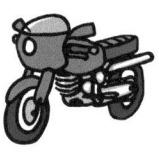

mo tuo che

Motorrad

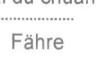

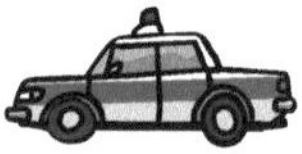

jing che

Polizeiauto

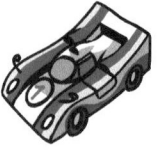

sai che

Rennauto

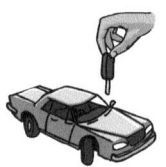

zu che

Mietwagen

pin che

Carsharing

tuo che

Abschleppwagen

la ji che

Müllauto

fa dong ji

Motor

qi you

Kraftstoff

jia you zhan

Tankstelle

jiao tong biao zhi

Verkehrsschild

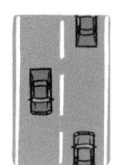

jiao tong

Verkehr

jiao tong du sai

Stau

ting che chang

Parkplatz

huo che zhan

Bahnhof

gui dao

Schienen

huo che

Zug

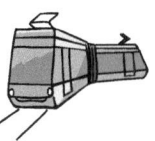

dian che

Straßenbahn

huo che

Wagon

zhi sheng ji

Helikopter

ji chang

Flughafen

ta

Tower

cheng ke

Passagier

ji zhuang xiang

Container

zhi ban xiang

Karton

shou tui che

Karren

lan zi

Korb

qi fei/jiang luo

starten / landen

Stadt

cun zhuang

Dorf

shi zhong xin

Stadtzentrum

fang zi

Haus

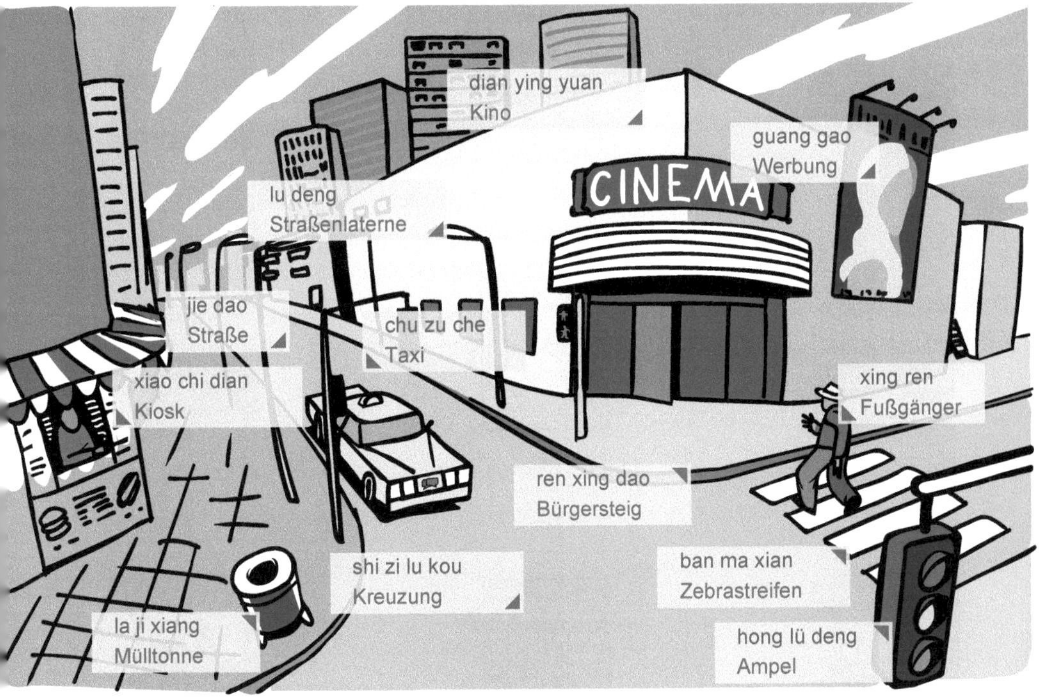

dian ying yuan
Kino

guang gao
Werbung

lu deng
Straßenlaterne

CINEMA

jie dao
Straße

chu zu che
Taxi

xing ren
Fußgänger

xiao chi dian
Kiosk

ren xing dao
Bürgersteig

shi zi lu kou
Kreuzung

ban ma xian
Zebrastreifen

la ji xiang
Mülltonne

hong lü deng
Ampel

xiao wu

Hütte

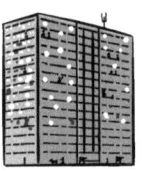

gong yu

Wohnung

huo che zhan

Bahnhof

shi zheng ting

Rathaus

bo wu guan

Museum

xue xiao

Schule

da xue

Universität

yin hang

Bank

yi yuan

Krankenhaus

jiu dian

Hotel

yao fang

Apotheke

ban gong shi

Büro

shu dian

Buchhandlung

shang dian

Geschäft

hua dian

Blumenladen

chao shi

Supermarkt

shi chang

Markt

bai huo shang dian

Kaufhaus

yu dian

Fischhändler

gou wu zhong xin

Einkaufszentrum

hai gang

Hafen

gong yuan

Park

chang deng

Bank

qiao

Brücke

lou ti

Treppe

di tie

U-Bahn

sui dao

Tunnel

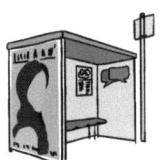

gong jiao che zhan

Bushaltestelle

jiu ba

Bar

can guan

Restaurant

you tong

Briefkasten

lu biao

Straßenschild

ting che ji shi qi

Parkuhr

dong wu yuan

Zoo

you yong guan

Badeanstalt

qing zhen si

Moschee

nong chang

Bauernhof

wu ran

Umweltverschmutzung

mu di

Friedhof

jiao tang

Kirche

cao chang

Spielplatz

si miao

Tempel

Landschaft

shu ye
Blatt

zhi shi pai
Wegweiser

lu
Weg

cao di
Wiese

shi tou
Stein

tu bu lü xing zhe
Wanderer

shu
Baum

he
Fluss

cao
Gras

hua
Blume

di xing - Landschaft

xia gu

Tal

shan

Berg

hu

See

sen lin

Wald

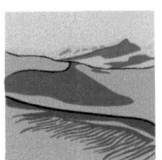

sha mo

Wüste

huo shan

Vulkan

cheng bao

Schloss

cai hong

Regenbogen

mo gu

Pilz

zong lü shu

Palme

wen zi

Moskito

cang ying

Fliege

ma yi

Ameise

mi feng

Biene

zhi zhu

Spinne

jia chong

Käfer

qing wa

Frosch

song shu

Eichhörnchen

ci wei

Igel

ye tu

Hase

mao tou ying

Eule

niao

Vogel

tian e

Schwan

ye zhu

Wildschwein

lu

Hirsch

mi lu

Elch

shui ba

Staudamm

feng li fa dian ji

Windrad

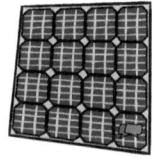

tai yang neng dian chi ban

Solarmodul

qi hou

Klima

fu wu yuan
Kellner

cai dan
Speisekarte

yi zi
Stuhl

tang
Suppe

pi sa bing
Pizza

can ju
Besteck

zhuo bu
Tischdecke

qian cai

Vorspeise

zhu cai

Hauptgericht

tian dian

Nachspeise

yin liao

Getränke

shi wu

Essen

ping zi

Flasche

kuai can

Fastfood

jie bian xiao chi

Streetfood

cha hu

Teekanne

tang he

Zuckerdose

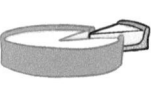

yi fen fan cai

Portion

yi shi ka fei ji

Espressomaschine

gao jiao yi

Hochstuhl

zhang dan

Rechnung

tuo pan

Tablett

dao

Messer

can cha

Gabel

shao zi

Löffel

cha chi

Teelöffel

can jin

Serviette

bo li bei

Glas

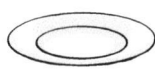

die zi

Teller

tang pan

Suppenteller

die zi

Untertasse

jiang

Sauce

yan ping

Salzstreuer

hu jiao mo

Pfeffermühle

cu

Essig

shi yong you

Öl

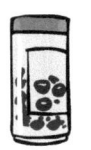

tiao wei liao

Gewürze

fan qie jiang

Ketchup

jie mo

Senf

dan huang jiang

Mayonnaise

Supermarkt

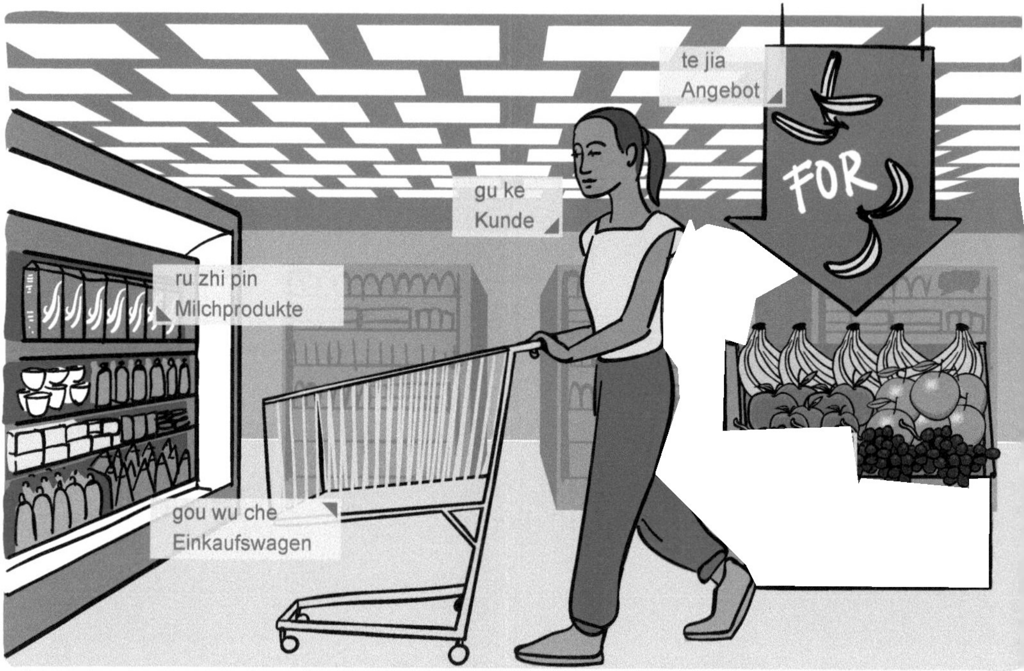

te jia
Angebot
gu ke
Kunde
ru zhi pin
Milchprodukte
gou wu che
Einkaufswagen
FOR

BUTCHERS

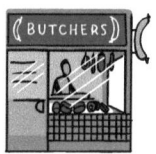

rou pu

Schlachterei

BAKERY

mian bao fang

Bäckerei

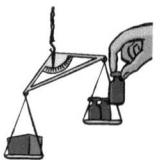

cheng zhong

wiegen

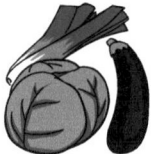

shu cai

Gemüse

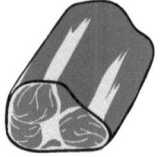

rou

Fleisch

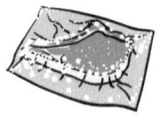

leng dong shi pin

Tiefkühlkost

leng pan

Aufschnitt

guan tou shi pin

Konserven

xi yi fen

Waschmittel

tian shi

Süßigkeiten

ri yong pin

Haushaltsartikel

qing jie yong pin

Reinigungsmittel

xiao shou yuan

Verkäuferin

shou yin ji

Kasse

shou yin yuan

Kassierer

gou wu qing dan

Einkaufsliste

kai fang shi jian

Öffnungszeiten

qian bao

Brieftasche

xin yong ka

Kreditkarte

dai zi

Tasche

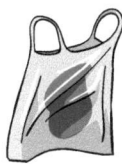

su liao dai

Plastiktüte

shui

Wasser

guo zhi

Saft

niu nai

Milch

ke le

Cola

hong jiu

Wein

pi jiu

Bier

jiu

Alkohol

ke ke

Kakao

cha

Tee

ka fei

Kaffee

yi shi nong suo ka fei

Espresso

ka bu qi nuo

Cappuccino

xiang jiao

Banane

ping guo

Apfel

cheng zi

Orange

xi gua

Melone

ning meng

Zitrone

hu luo bo

Karotte

da suan

Knoblauch

zhu zi

Bambus

yang cong

Zwiebel

mo gu

Pilz

jian guo

Nüsse

mian tiao

Nudeln

yi da li mian tiao

Spaghetti

mi fan

Reis

sha la

Salat

shu tiao

Pommes frites

zha tu dou

Bratkartoffeln

pi sa bing

Pizza

han bao bao

Hamburger

san ming zhi

Sandwich

zha zhu pai

Schnitzel

huo tui

Schinken

sa la mi

Salami

xiang chang

Wurst

ji rou

Huhn

kao rou

Braten

yu

Fisch

yan mai pian

Haferflocken

mu zi li

Müsli

yu mi pian

Cornflakes

mian fen

Mehl

yang jiao mian bao

Croissant

mian bao juan

Brötchen

mian bao

Brot

kao mian bao

Toast

bing gan

Kekse

huang you

Butter

ning ru

Quark

dan gao

Kuchen

dan

Ei

jian dan

Spiegelei

nai lao

Käse

bing ji lin

Eiscreme

tang

Zucker

feng mi

Honig

guo jiang

Marmelade

qiao ke li jiang

Nougat-Creme

ga li fan

Curry

nong she
Bauernhaus

liang cang
Scheune

dao cao kun
Strohballen

tian ye
Feld

ma
Pferd

tuo che
Anhänger

ma ju
Fohlen

tuo la ji
Traktor

lü
Esel

gao yang
Lamm

yang
Schaf

shan yang

Ziege

nai niu

Kuh

niu du

Kalb

zhu

Schwein

xiao zhu

Ferkel

gong niu

Bulle

e

Gans

ya

Ente

xiao ji

Küken

mu ji

Huhn

gong ji

Hahn

shu

Ratte

mao

Katze

lao shu

Maus

niu

Ochse

gou

Hund

gou wu

Hundehütte

hua yuan jiao shui ruan guan

Gartenschlauch

sa shui hu

Gießkanne

chang bing da lian dao

Sense

li

Pflug

lian dao

Sichel

chu tou

Hacke

chang bing cao pa

Mistgabel

fu tou

Axt

du lun shou tui che

Schubkarre

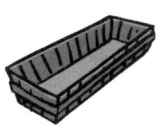

si liao cao

Trog

niu nai guan

Milchkanne

ma bu dai

Sack

zha lan

Zaun

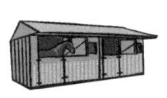

ma jiu

Stall

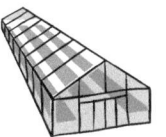

wen shi

Treibhaus

tu rang

Boden

zhong zi

Saat

fei liao

Dünger

lian he shou ge ji

Mähdrescher

shou ge

ernten

shou ge

Ernte

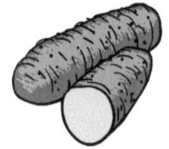

shan yao

Yamswurzel

xiao mai

Weizen

da dou

Soja

tu dou

Kartoffel

yu mi

Mais

you cai zi

Raps

guo shu

Obstbaum

shu shu

Maniok

gu wu

Getreide

yan cong
Schornstein

wu ding
Dach

luo shui guan
Regenrinne

chuang hu
Fenster

che ku
Garage

men ling
Klingel

men
Tür

la ji tong
Mülleimer

xin xiang
Briefkasten

hua yuan
Garten

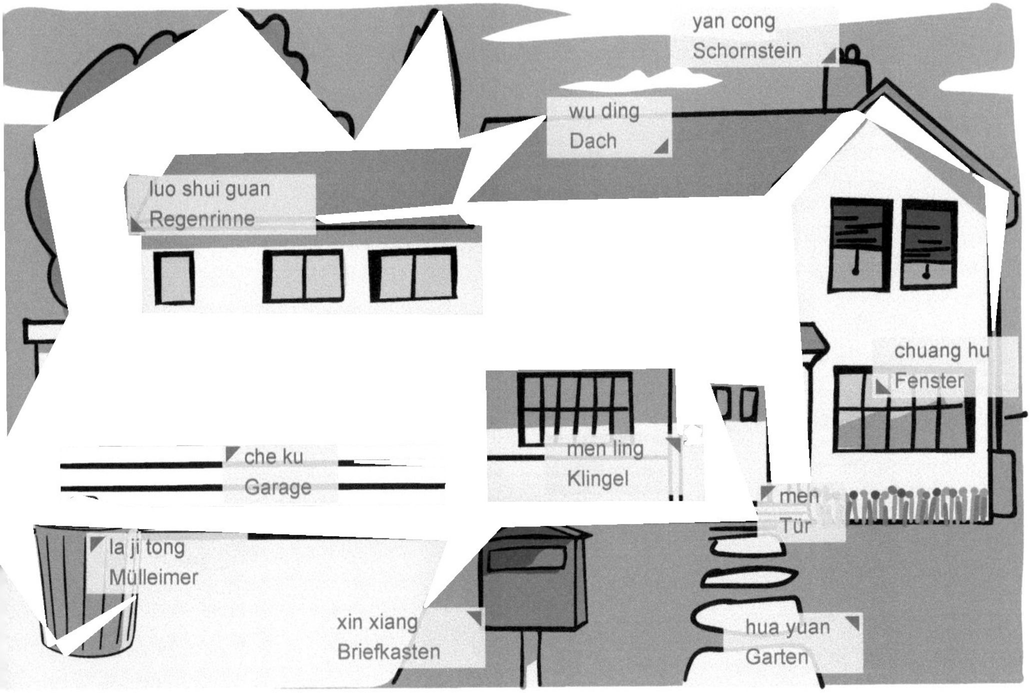

ke ting

Wohnzimmer

yu shi

Badezimmer

chu fang

Küche

wo shi

Schlafzimmer

er tong fang

Kinderzimmer

can ting

Esszimmer

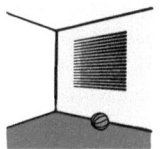

di ban

Boden

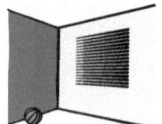

qiang bi

Wand

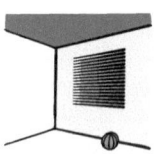

diao ding

Decke

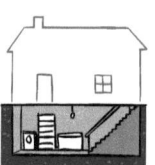

di jiao

Keller

sang na

Sauna

yang tai

Balkon

lu tai

Terrasse

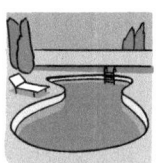

you yong chi

Schwimmbad

ge cao ji

Rasenmäher

bei dan

Bettbezug

chuang zhao

Bettdecke

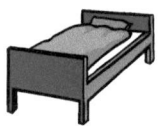

chuang

Bett

sao zhou

Besen

shui tong

Eimer

kai guan

Schalter

Wohnzimmer

bi zhi
Tapete
zhao pian
Bild
tai deng
Lampe
ge jia
Regal
chu gui
Schrank
dian shi ji
Fernseher
hua
Blume
dian zi
Kissen
sha fa
Sofa
hua ping
Vase
yao kong qi
Fernbedienung

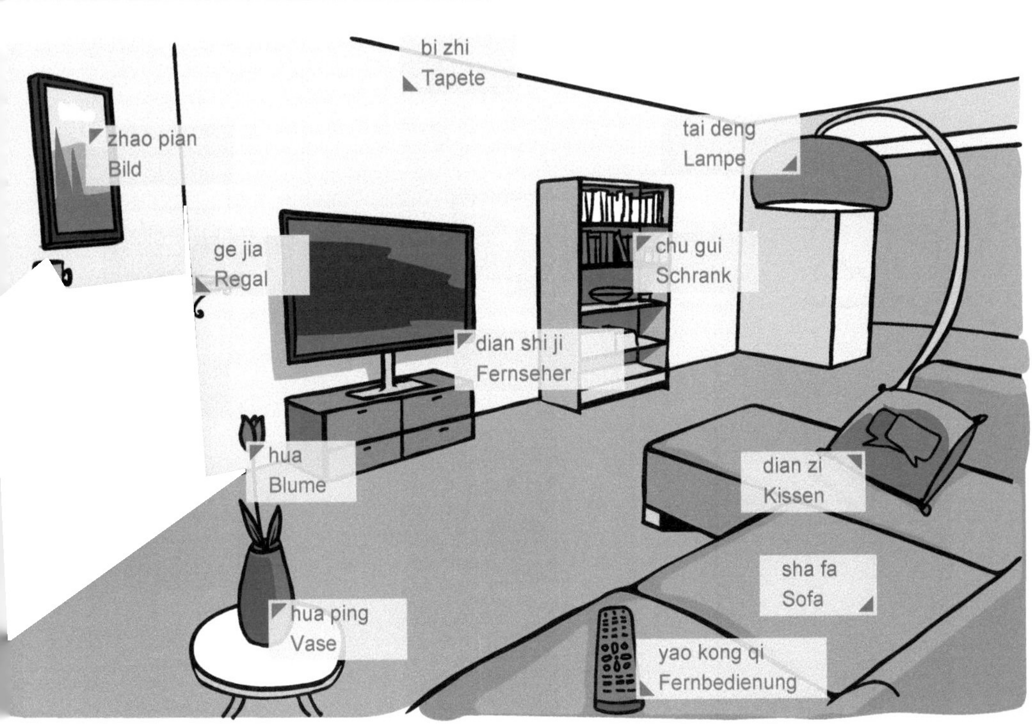

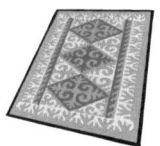

di tan

Teppich

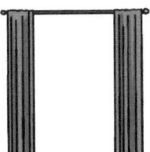

chuang lian

Vorhang

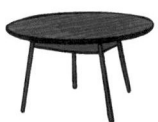

can zhuo

Tisch

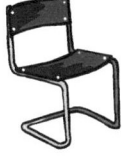

yi zi

Stuhl

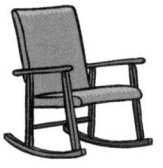

yao yi

Schaukelstuhl

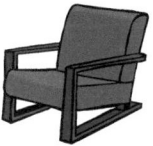

fu shou yi

Sessel

shu

Buch

tan zi

Decke

zhuang shi pin

Dekoration

mu chai

Feuerholz

dian ying

Film

gao bao zhen yin xiang

Stereoanlage

yao shi

Schlüssel

bao zhi

Zeitung

you hua

Gemälde

hai bao

Poster

shou yin ji

Radio

bi ji ben

Notizblock

xi chen qi

Staubsauger

xian ren zhang

Kaktus

la zhu

Kerze

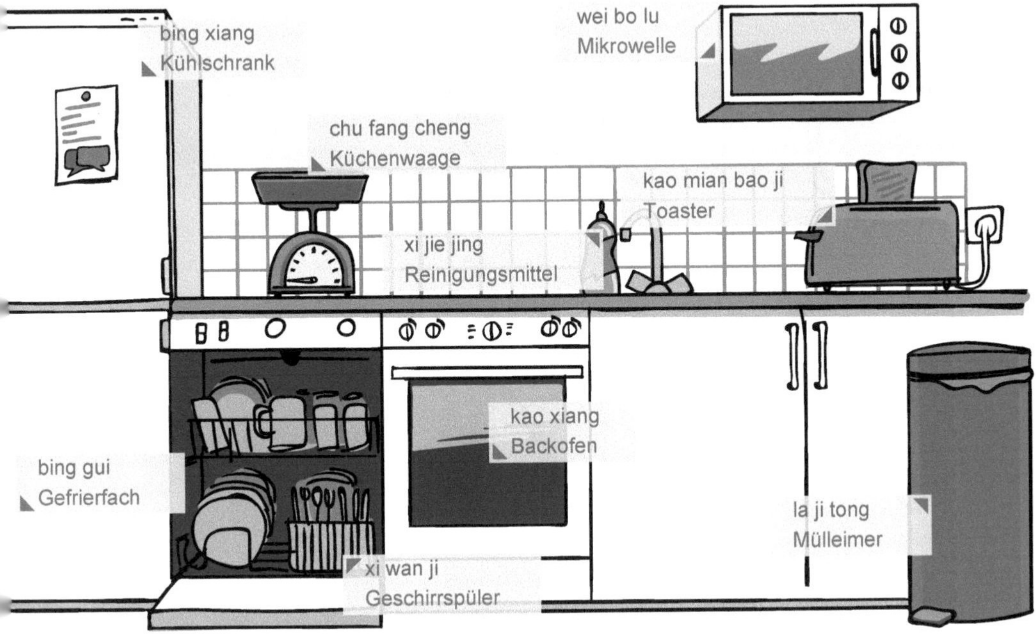

bing xiang
Kühlschrank

wei bo lu
Mikrowelle

chu fang cheng
Küchenwaage

kao mian bao ji
Toaster

xi jie jing
Reinigungsmittel

kao xiang
Backofen

bing gui
Gefrierfach

la ji tong
Mülleimer

xi wan ji
Geschirrspüler

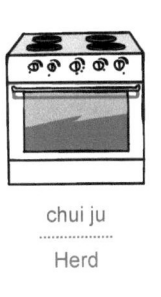

chui ju

Herd

guo

Topf

zhu tie guo

Eisentopf

sha guo

Wok / Kadai

ping di guo

Pfanne

shui hu

Wasserkocher

zheng guo

Dampfgarer

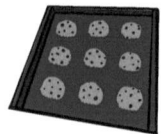

kao pan

Backblech

tao ci guo

Geschirr

ma ke bei

Becher

wan

Schale

kuai zi

Essstäbchen

chang bing shao

Suppenkelle

chan zi

Pfannenwender

jiao ban qi

Schneebesen

lü wang

Kochsieb

shai zi

Sieb

mo sui ji

Reibe

yan bo

Mörser

shao kao

Grill

ming huo

Feuerstelle

cai ban

Schneidebrett

gan mian zhang

Nudelholz

kai ping qi

Korkenzieher

guan zi

Dose

kai ping qi

Dosenöffner

ge re shou tao

Topflappen

shui cao

Waschbecken

shua zi

Bürste

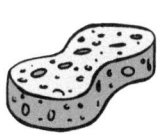

hai mian

Schwamm

jiao ban ji

Mixer

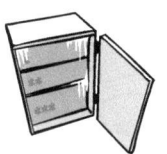

leng cang xiang

Gefriertruhe

nai ping

Babyflasche

shui long tou

Wasserhahn

Badezimmer

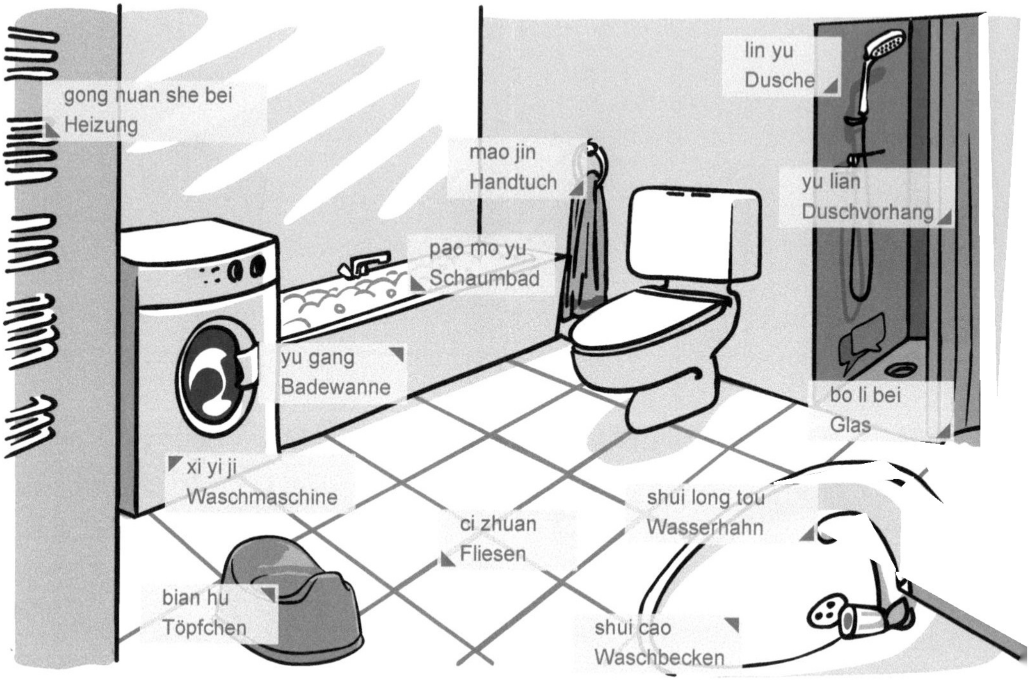

gong nuan she bei
Heizung
lin yu
Dusche
mao jin
Handtuch
yu lian
Duschvorhang
pao mo yu
Schaumbad
yu gang
Badewanne
bo li bei
Glas
xi yi ji
Waschmaschine
shui long tou
Wasserhahn
ci zhuan
Fliesen
bian hu
Töpfchen
shui cao
Waschbecken

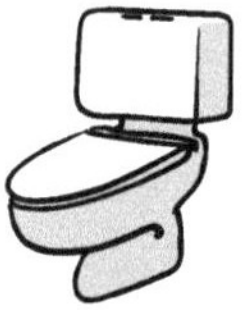

ce suo

Toilette

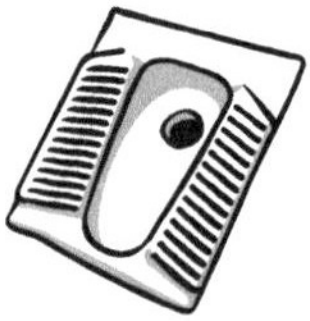

dun bian qi

Hocktoilette

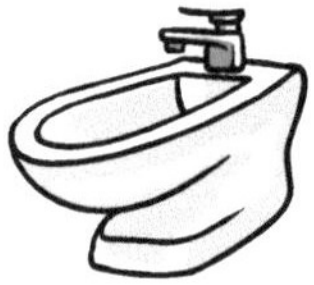

zuo yu qi

Bidet

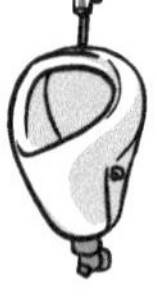

xiao bian chi

Pissoir

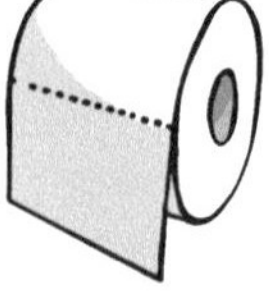

ce zhi

Toilettenpapier

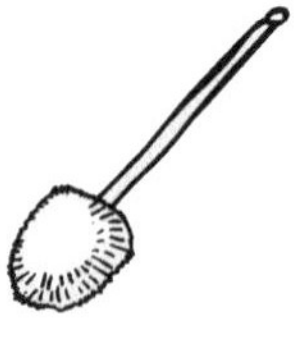

ma tong shua

Toilettenbürste

ya shua

Zahnbürste

ya gao

Zahnpasta

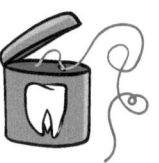

ya xian

Zahnseide

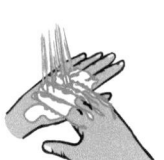

xi

waschen

shou chi shi pen lin tou

Handbrause

chong xi qi

Intimdusche

xi lian pen

Waschschüssel

ca bei shua

Rückenbürste

fei zao

Seife

mu yu lu

Duschgel

xi fa shui

Shampoo

fa lan rong

Waschlappen

pai shui

Abfluss

ru shuang

Creme

chu chou ji

Deodorant

jing zi

Spiegel

shou jing

Kosmetikspiegel

ti xu dao

Rasierer

ti xu pao mo

Rasierschaum

xu hou shui

Rasierwasser

shu zi

Kamm

shua zi

Bürste

chui feng ji

Föhn

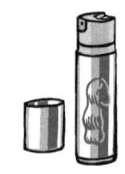

pen fa ding xing ji

Haarspray

hua zhuang pin

Makeup

chun gao

Lippenstift

zhi jia you

Nagellack

hua zhuang mian

Watte

zhi jia jian

Nagelschere

xiang shui

Parfum

xi shu bao

Kulturbeutel

deng zi

Hocker

ji zhong cheng

Waage

yu pao

Bademantel

xiang jiao shou tao

Gummihandschuhe

wei sheng mian tiao

Tampon

wei sheng jin

Damenbinde

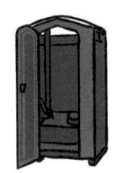

hua xue ce suo

Chemietoilette

Kinderzimmer

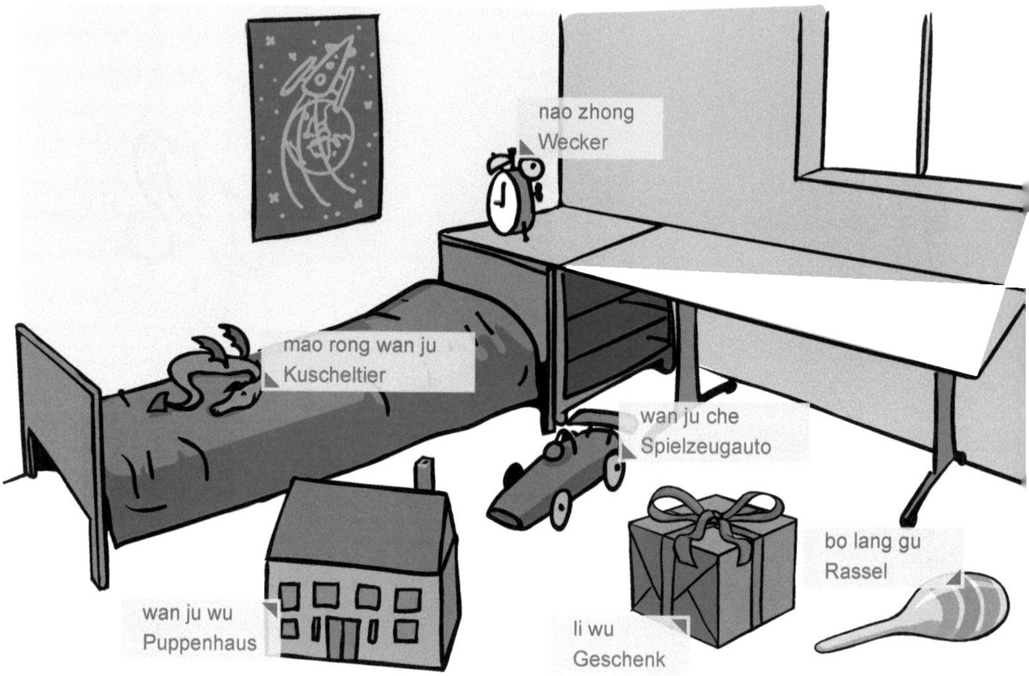

nao zhong
Wecker
mao rong wan ju
Kuscheltier
wan ju che
Spielzeugauto
bo lang gu
Rassel
wan ju wu
Puppenhaus
li wu
Geschenk

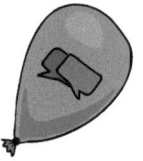

qi qiu

Ballon

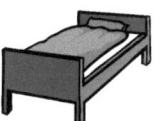

chuang

Bett

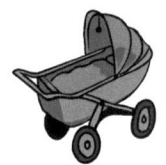

(yang wa wa yong)ying er che

Kinderwagen

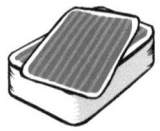

pu ke pai

Kartenspiel

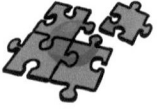

pin tu

Puzzle

man hua

Comic

le gao ji mu

Legosteine

ji mu wan ju

Bausteine

wan ju ren

Action Figur

ying er fu

Strampelanzug

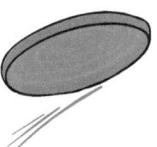

fei pan

Frisbee

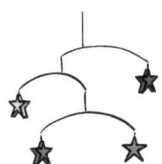

chuang ling wan ju

Mobile

qi pan you xi

Brettspiel

shai zi

Würfel

huo che mo xing

Modelleisenbahn

an fu nai zui

Schnuller

ju hui

Party

hui ben

Bilderbuch

qiu

Ball

yang wa wa

Puppe

wan

spielen

sha keng

Sandkasten

qiu qian

Schaukel

wan ju

Spielzeug

you xi ji

Spielkonsole

san lun che

Dreirad

tai di xiong

Teddy

yi chu

Kleiderschrank

Kleidung

wa zi

Socken

chang wa

Strümpfe

jin shen ku

Strumpfhose

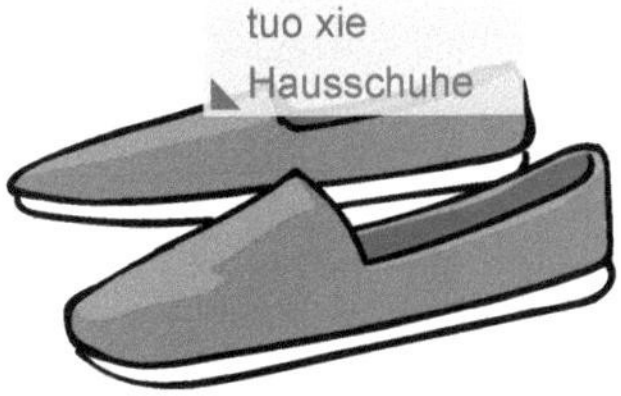

wei jin
Schal

yu san
Regenschirm

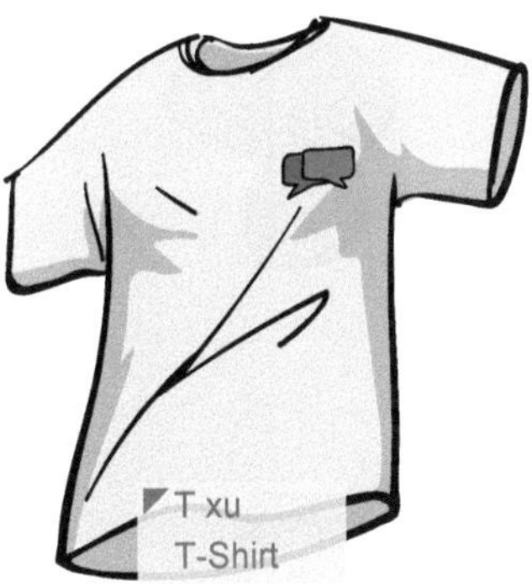

T xu
T-Shirt

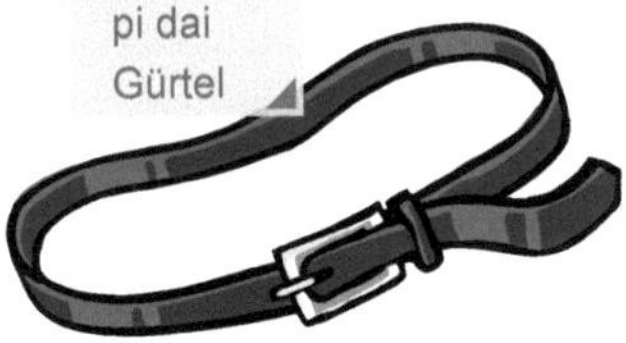

pi dai
Gürtel

xue zi
Stiefel

tuo xie
Hausschuhe

yun dong xie
Turnschuhe

liang xie
Sandalen

xie
Schuhe

yu xue
Gummistiefel

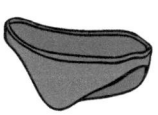

nei ku
Unterhose

xiong zhao
Büstenhalter

bei xin
Unterhemd

shen ti

Body

ku zi

Hose

niu zai ku

Jeans

duan qun

Rock

nü shi chen shan

Bluse

chen shan

Hemd

tao tou shan

Pullover

wei yi

Kapuzenpullover

xi zhuang jia ke

Blazer

jia ke

Jacke

wai tao

Mantel

yu yi

Regenmantel

tao zhuang

Kostüm

lian yi qun

Kleid

hun sha

Hochzeitskleid

xi zhuang

Anzug

shui pao

Nachthemd

shui yi

Schlafanzug

sha li

Sari

tou jin

Kopftuch

bao tou jin

Turban

bo ka

Burka

ka fu tan

Kaftan

(a la bo shi)chang pao

Abaya

yong yi

Badeanzug

nan shi yong ku

Badehose

duan ku

Kurze Hose

yun dong fu

Trainingsanzug

wei qun

Schürze

shou tao

Handschuhe

niu kou

Knopf

yan jing

Brille

shou lian

Armband

xiang lian

Halskette

jie zhi

Ring

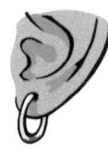

er huan

Ohrring

bian mao

Mütze

yi jia

Kleiderbügel

mao zi

Hut

ling dai

Krawatte

la lian

Reißverschluss

tou kui

Helm

bei dai

Hosenträger

xiao fu

Schuluniform

zhi fu

Uniform

yi fu - Kleidung

wei dou

Lätzchen

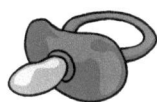

an fu nai zui

Schnuller

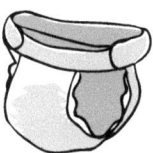

niao bu shi

Windel

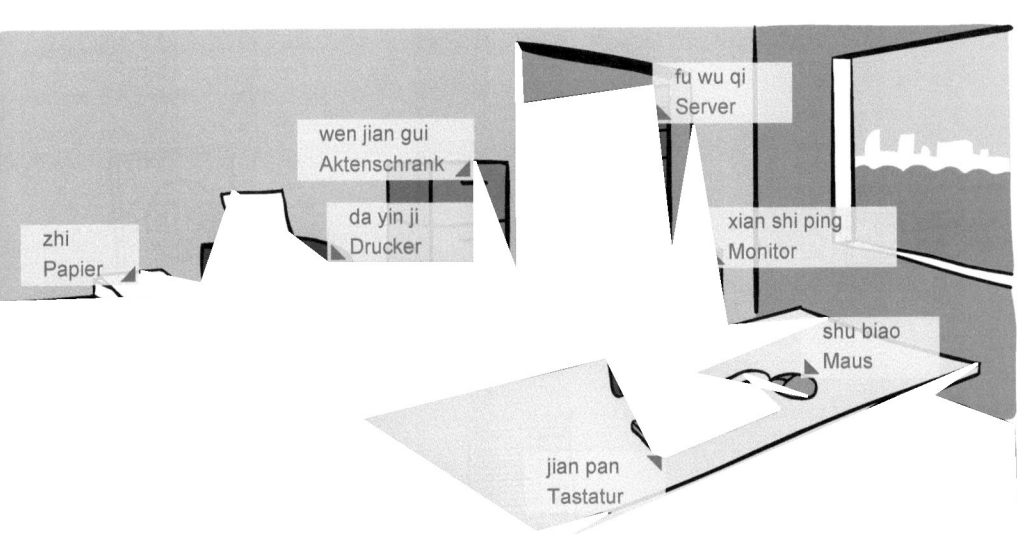

fu wu qi
Server

wen jian gui
Aktenschrank

da yin ji
Drucker

zhi
Papier

xian shi ping
Monitor

shu biao
Maus

jian pan
Tastatur

ka fei bei

Kaffeebecher

ji suan qi

Taschenrechner

yin te wang

Internet

bi ji ben dian nao

Laptop

xin jian

Brief

xiao xi

Nachricht

shou ji

Handy

wang luo

Netzwerk

fu yin ji

Kopierer

ruan jian

Software

dian hua

Telefon

cha zuo

Steckdose

chuan zhen ji

Fax

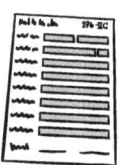

biao ge

Formular

wen jian

Dokument

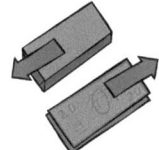

mai

kaufen

fu qian

bezahlen

jiao yi

handeln

xian jin

Geld

mei yuan

Dollar

ou yuan

Euro

ri yuan

Yen

lu bu

Rubel

rui shi fa lang

Franken

ren min bi

Renminbi Yuan

lu bi

Rupie

ti kuan chu

Geldautomat

wai bi dui huan chu

Wechselstube

jin

Gold

yin

Silber

shi you

Öl

neng yuan

Energie

jia ge

Preis

he tong

Vertrag

shui jin

Steuer

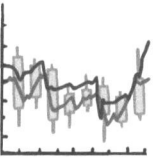

gu piao

Aktie

gong zuo

arbeiten

zhi yuan

Angestellter

lao ban

Arbeitgeber

gong chang

Fabrik

shang dian

Geschäft

Berufe

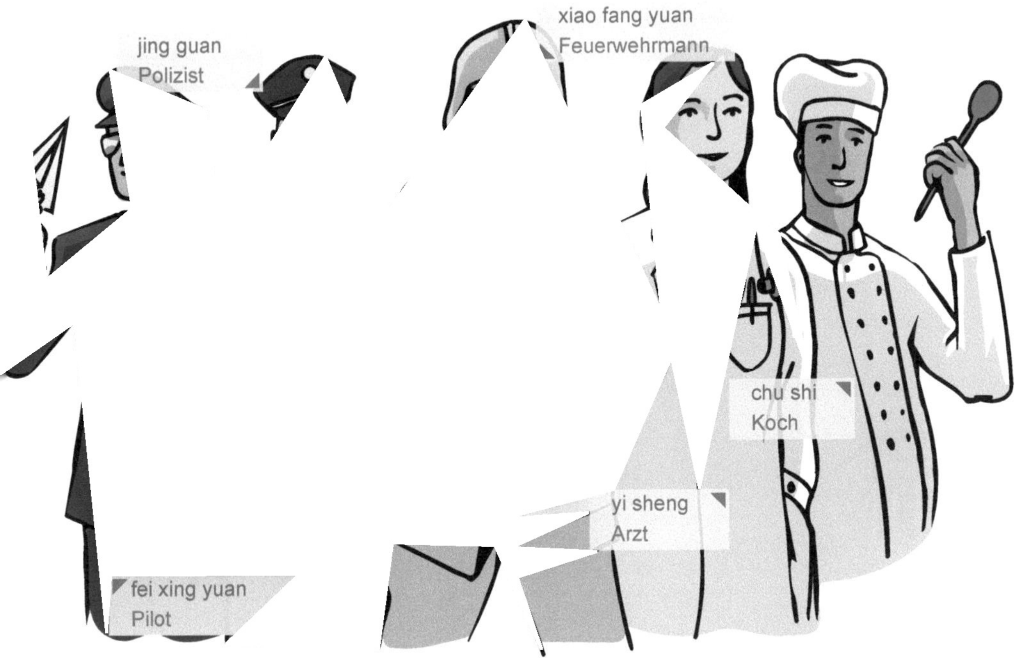
jing guan
Polizist
xiao fang yuan
Feuerwehrmann
chu shi
Koch
yi sheng
Arzt
fei xing yuan
Pilot

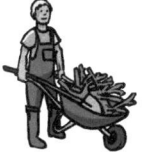

yuan ding

Gärtner

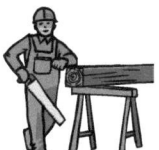

mu jiang

Tischler

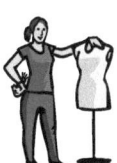

cai feng

Näherin

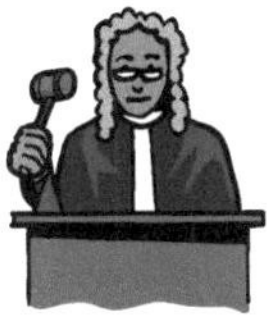

fa guan

Richter

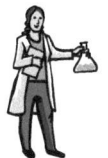

hua xue jia

Chemiker

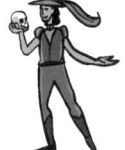

yan yuan

Schauspieler

gong jiao che si ji

Busfahrer

chu zu che si ji

Taxifahrer

yu fu

Fischer

qing jie nü gong

Putzfrau

wu ding gong

Dachdecker

fu wu yuan

Kellner

lie ren

Jäger

hua jia

Maler

mian bao shi

Bäcker

dian gong

Elektriker

jian zhu gong ren

Bauarbeiter

gong cheng shi

Ingenieur

tu fu

Schlachter

shui guan gong

Klempner

you di yuan

Postbote

shi bing

Soldat

jian zhu shi

Architekt

shou yin yuan

Kassierer

hua nong

Florist

li fa shi

Friseur

shou piao yuan

Schaffner

ji xie shi

Mechaniker

chuan zhang

Kapitän

ya yi

Zahnarzt

ke xue jia

Wissenschaftler

la bi

Rabbi

yi ma mu

Imam

he shang

Mönch

mu shi

Geistlicher

Werkzeuge

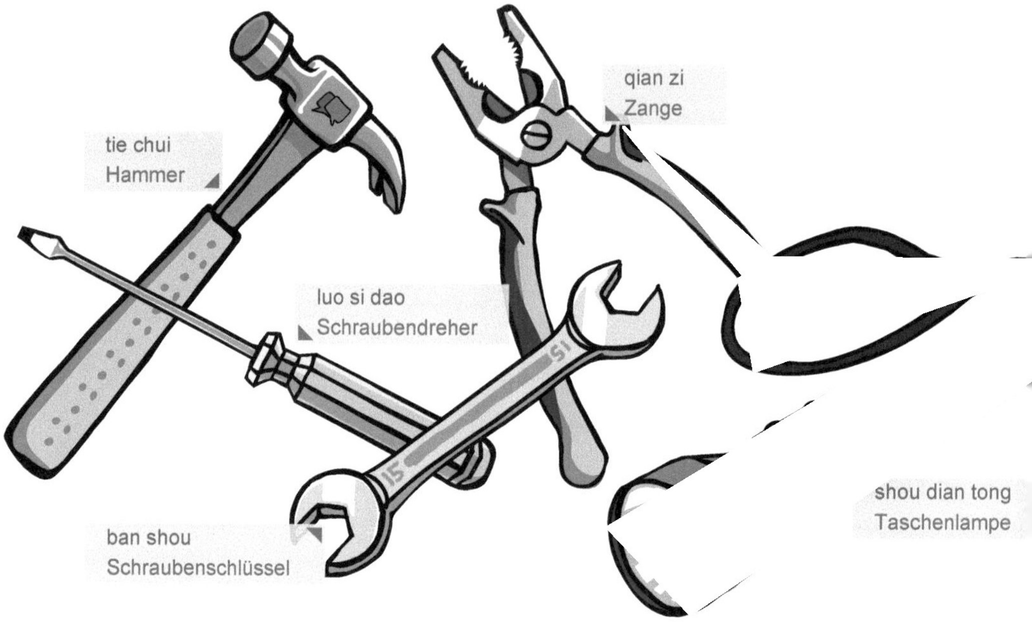
qian zi
Zange
tie chui
Hammer
luo si dao
Schraubendreher
shou dian tong
Taschenlampe
ban shou
Schraubenschlüssel

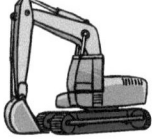

wa jue ji

Bagger

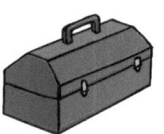

gong ju xiang

Werkzeugkasten

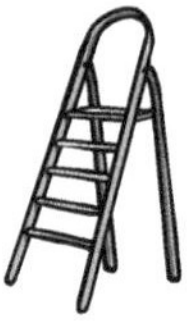

ti zi

Leiter

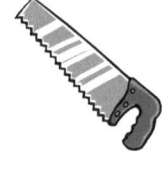

ju zi

Säge

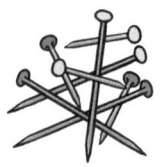

ding zi

Nägel

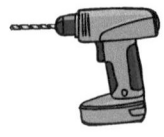

zuan ji

Bohrer

xiu
reparieren

chan zi
Schaufel

kao!
Mist!

bo ji
Kehrblech

you qi tong
Farbtopf

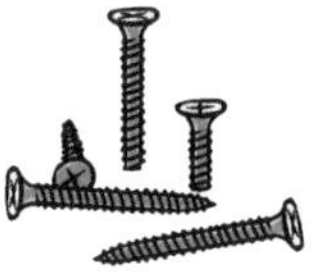

luo si
Schrauben

Musikinstrumente

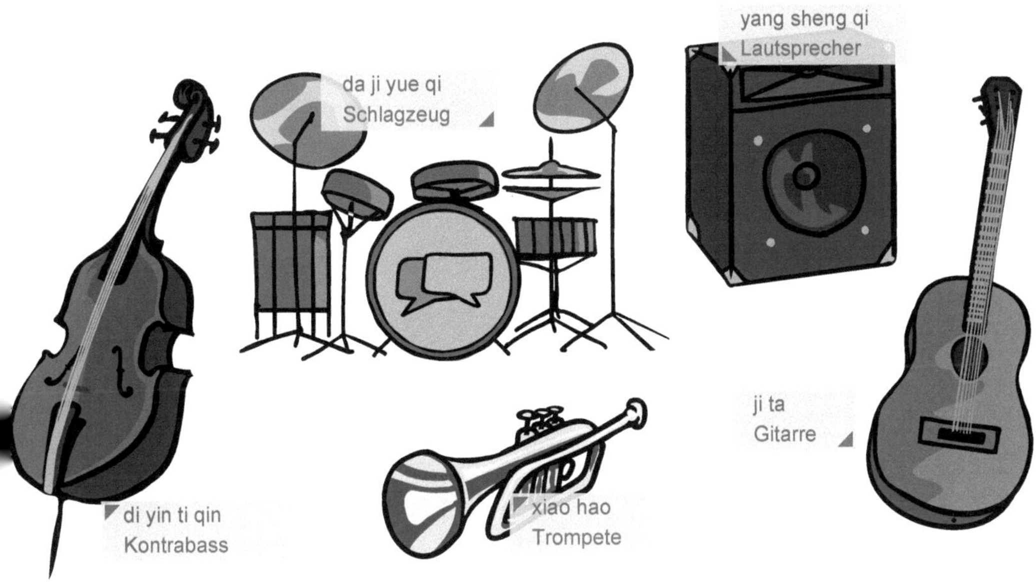

yang sheng qi
Lautsprecher

da ji yue qi
Schlagzeug

ji ta
Gitarre

di yin ti qin
Kontrabass

xiao hao
Trompete

gang qin

Klavier

xiao ti qin

Violine

bei si

Bass

ding yin gu

Pauke

gu

Trommeln

dian zi qin

Keyboard

sa ke si guan

Saxophon

chang di

Flöte

mai ke feng

Mikrofon

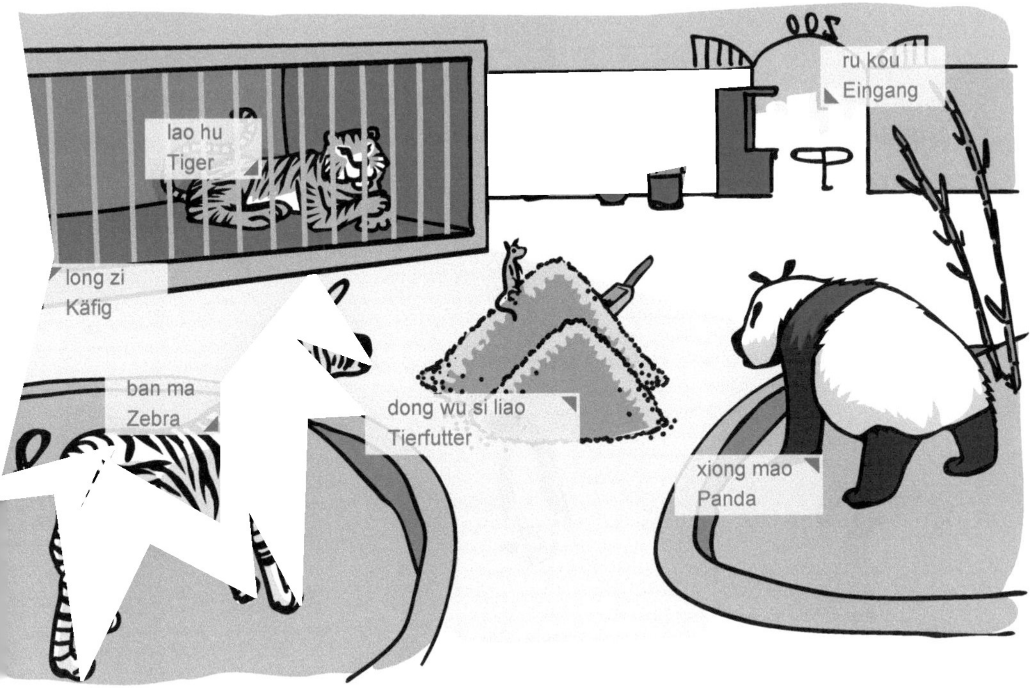

lao hu
Tiger

ru kou
Eingang

long zi
Käfig

ban ma
Zebra

dong wu si liao
Tierfutter

xiong mao
Panda

dong wu
Tiere

da xiang
Elefant

dai shu
Känguru

xi niu
Nashorn

da xing xing
Gorilla

xiong
Bär

luo tuo

Kamel

tuo niao

Strauß

shi zi

Löwe

hou zi

Affe

huo lie niao

Flamingo

ying wu

Papagei

bei ji xiong

Eisbär

qi e

Pinguin

sha yu

Hai

kong que

Pfau

she

Schlange

e yu

Krokodil

dong wu yuan guan li yuan

Zoowärter

hai bao

Robbe

mei zhou bao

Jaguar

ai zhong ma

Pony

bao

Leopard

he ma

Nilpferd

chang jing lu

Giraffe

lao ying

Adler

ye zhu

Wildschwein

yu

Fisch

gui

Schildkröte

hai xiang

Walross

hu li

Fuchs

ling yang

Gazelle

Sport

gan lan qiu
American Football

qi zi xing che
Radfahren

wang qiu
Tennis

lan qiu
Basketball

you yong
Schwimmen

quan ji
Boxen

bing qiu
Eishockey

ying shi zu qiu
Fußball

yu mao qiu
Badminton

tian jing
Leichtathletik

shou qiu
Handball

hua xue
Skilaufen

ma qiu
Polo

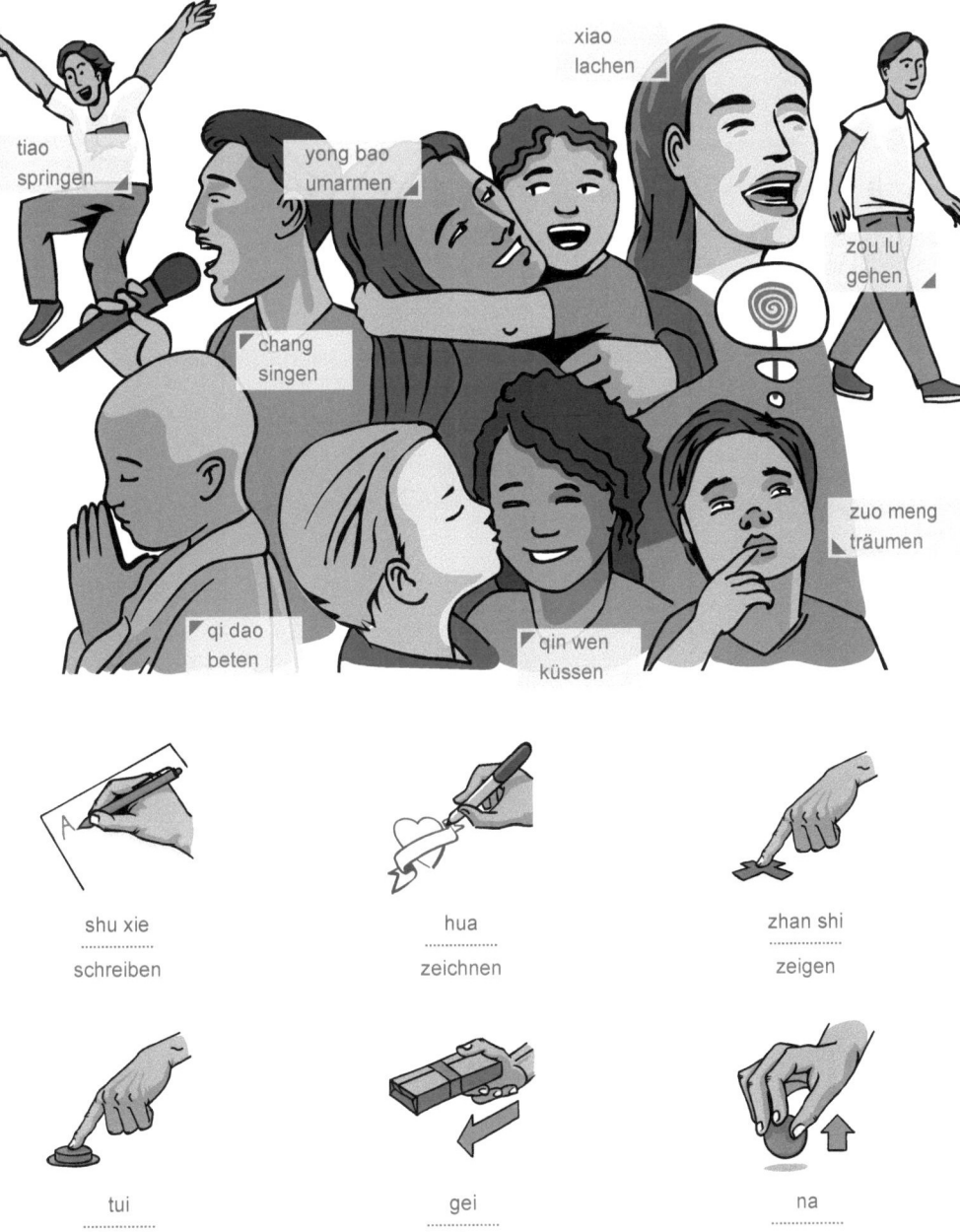

tiao
springen

xiao
lachen

yong bao
umarmen

zou lu
gehen

chang
singen

zuo meng
träumen

qi dao
beten

qin wen
küssen

shu xie
schreiben

hua
zeichnen

zhan shi
zeigen

tui
drücken

gei
geben

na
nehmen

you
haben

zuo
tun

dang
sein

zhan
stehen

pao
laufen

la
ziehen

reng
werfen

shuai dao
fallen

tang
liegen

deng dai
warten

xie dai
tragen

zuo
sitzen

chuan yi
anziehen

shui jiao
schlafen

xing lai
aufwachen

kan

ansehen

ku

weinen

fu mo

streicheln

shu tou

kämmen

jiao tan

reden

ming bai

verstehen

wen

fragen

ting

hören

he

trinken

chi

essen

qing li

aufräumen

ai

lieben

zuo fan

kochen

kai che

fahren

fei

fliegen

hang xing

segeln

ji suan

rechnen

du

lesen

xue xi

lernen

gong zuo

arbeiten

jie hun

heiraten

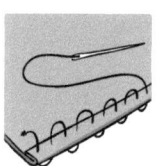

feng

nähen

shua ya

Zähne putzen

sha

töten

chou yan

rauchen

ji

senden

zu mu
Großmutter

zu fu
Großvater

fu qin
Vater

mu qin
Mutter

ying tong
Baby

nü er
Tochter

er zi
Sohn

ke ren

Gast

a yi

Tante

shu shu

Onkel

xiong di

Bruder

jie mei

Schwester

Körper

qian e
Stirn
yan jing
Auge
jian bang
Schulter
shou zhi
Finger
lian
Gesicht
xia ba
Kinn
shou
Hand
tui
Bein
ru fang
Brust
shou bi
Arm

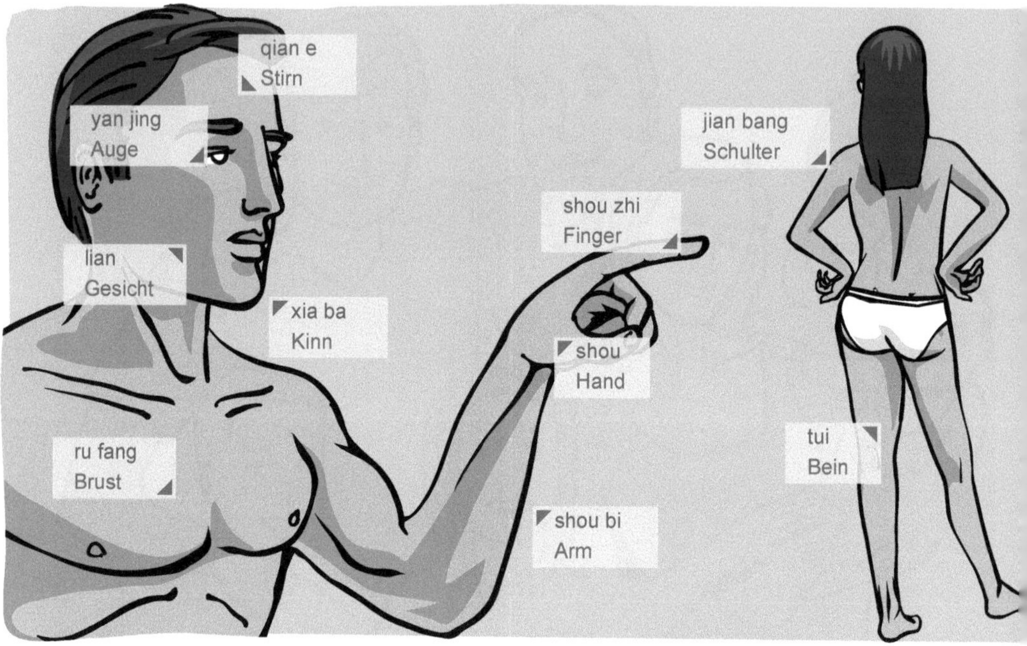

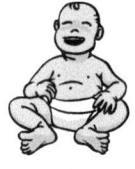

ying tong

Baby

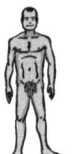

nan ren

Mann

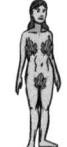

nü ren

Frau

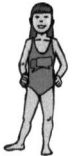

nü hai

Mädchen

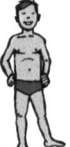

nan hai

Junge

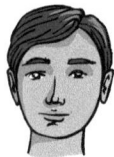

tou

Kopf

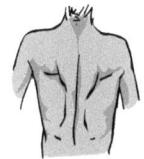

bei bu

Rücken

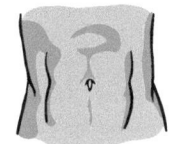

du zi

Bauch

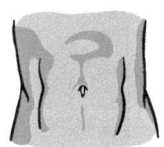

du qi

Nabel

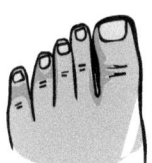

jiao zhi

Zeh

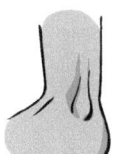

jiao hou gen

Ferse

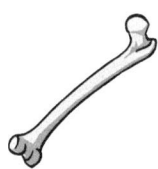

gu tou

Knochen

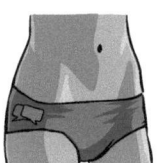

tun bu

Hüfte

xi gai

Knie

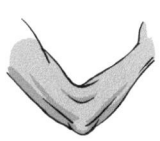

shou zhou

Ellenbogen

bi zi

Nase

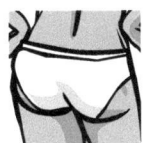

pi gu

Gesäß

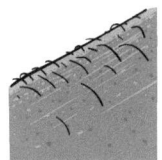

pi fu

Haut

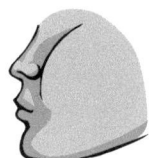

lian jia

Wange

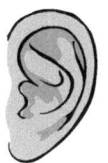

er duo

Ohr

zui chun

Lippe

zui

Mund

ya chi

Zahn

she tou

Zunge

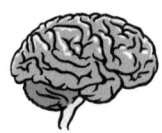

nao

Gehirn

xin zang

Herz

ji rou

Muskel

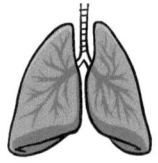

fei

Lunge

gan zang

Leber

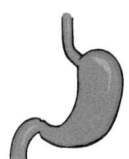

wei

Magen

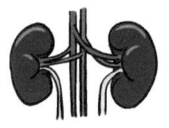

shen zang

Nieren

xing jiao

Geschlechtsverkehr

bi yun tao

Kondom

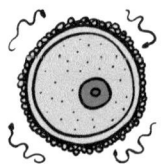

luan zi

Eizelle

jing zi

Sperma

huai yun

Schwangerschaft

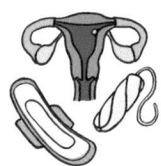

yue jing

Menstruation

yin dao

Vagina

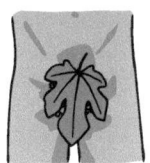

yin jing

Penis

mei mao

Augenbraue

tou fa

Haar

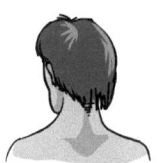

bo zi

Hals

Krankenhaus

yi yuan
Krankenhaus
lun yi
Rollstuhl
gu zhe
Bruch

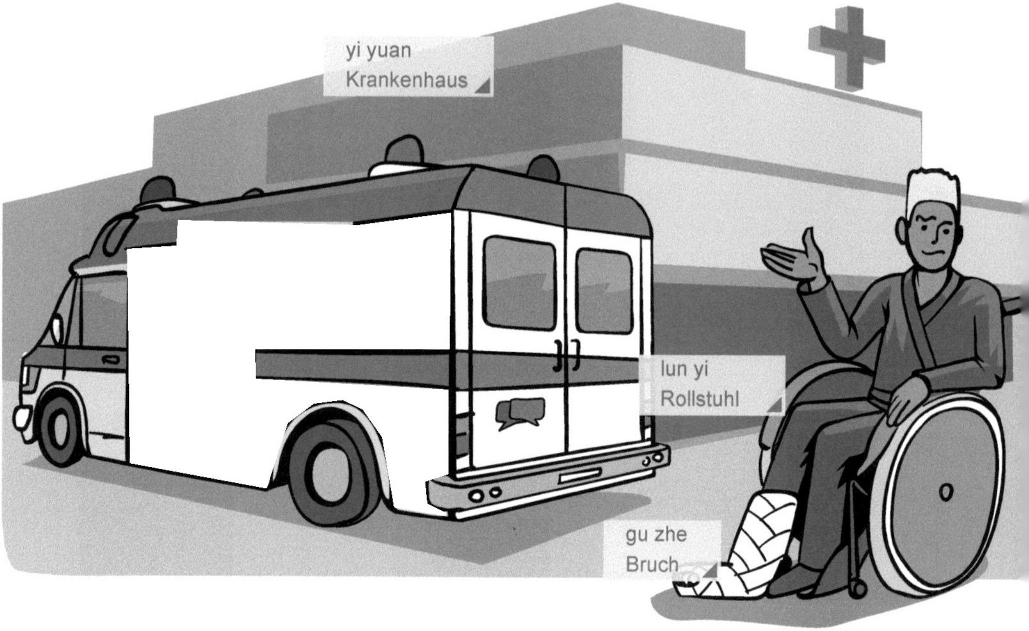

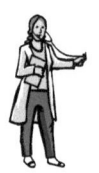

yi sheng

Arzt

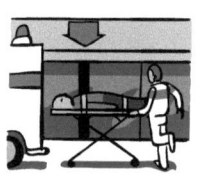

ji zhen shi

Notaufnahme

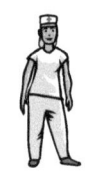

hu shi

Krankenschwester

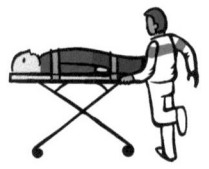

jin ji qing kuang

Notfall

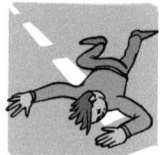

hun mi

ohnmächtig

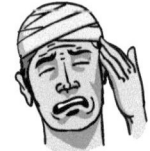

tong

Schmerz

shou shang

Verletzung

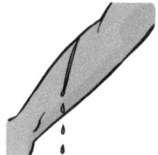

chu xue

Blutung

xin zang bing fa zuo

Herzinfarkt

zhong feng

Schlaganfall

guo min

Allergie

ke sou

Husten

fa shao

Fieber

liu gan

Grippe

fu xie

Durchfall

tou tong

Kopfschmerzen

ai zheng

Krebs

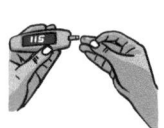

tang niao bing

Diabetis

wai ke yi sheng

Chirurg

shou shu dao

Skalpell

shou shu

Operation

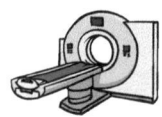

CT

CT

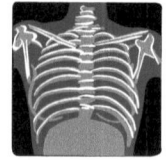

X guang

Röntgen

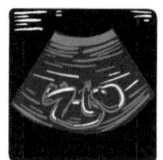

chao sheng bo

Ultraschall

kou zhao

Maske

ji bing

Krankheit

hou zhen shi

Wartezimmer

guai zhang

Krücke

shi gao

Pflaster

beng dai

Verband

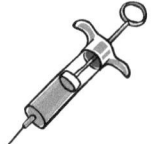

zhu she

Injektion

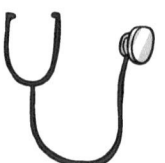

ting zhen qi

Stethoskop

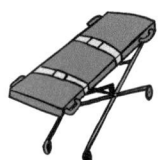

dan jia

Trage

ti wen ji

Thermometer

chu sheng

Geburt

chao zhong

Übergewicht

zhu ting qi

Hörgerät

xiao du ye

Desinfektionsmittel

gan ran

Infektion

bing du

Virus

ai zi bing

HIV / AIDS

yao wu

Medizin

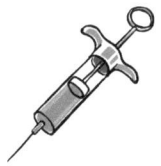

jie zhong yi miao

Impfung

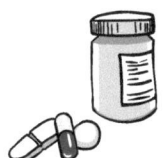

yao pian

Tabletten

yao wan

Pille

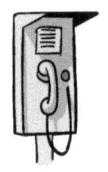

ji jiu dian hua

Notruf

xue ya ji

Blutdruck-Messgerät

sheng bing/jian kang

krank / gesund

jiu ming!

Hilfe!

jing bao

Alarm

tu ji

Überfall

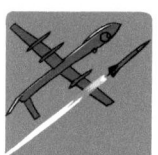

gong ji

Angriff

wei xian

Gefahr

jin ji chu kou

Notausgang

zhao huo la!

Feuer!

mie huo qi

Feuerlöscher

yi wai

Unfall

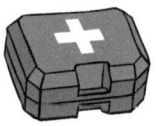

ji jiu xiang

Erste-Hilfe-Koffer

hu jiu xin hao

SOS

jing cha

Polizei

ou zhou

Europa

bei mei zhou

Nordamerika

nan mei zhou

Südamerika

fei zhou

Afrika

ya zhou

Asien

ao zhou

Australien

da xi yang

Atlantik

tai ping yang

Pazifik

yin du yang

Indischer Ozean

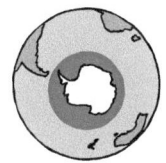

nan bing yang

Antarktischer Ozean

bei bing yang

Arktischer Ozean

bei ji

Nordpol

nan ji

Südpol

nan ji zhou

Antarktis

di qiu

Erde

lu di

Land

hai

Meer

dao

Insel

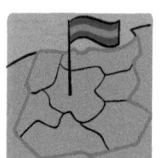

guo jia

Nation

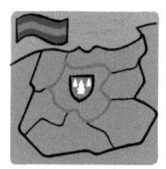

guo jia

Staat

zhong mian

Zifferblatt

shi zhen

Stundenzeiger

fen zhen

Minutenzeiger

miao zhen

Sekundenzeiger

xian zai ji dian?

Wie spät ist es?

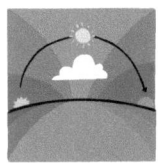

tian

Tag

shi jian

Zeit

xian zai

jetzt

dian zi biao

Digitaluhr

fen

Minute

shi

Stunde

Woche

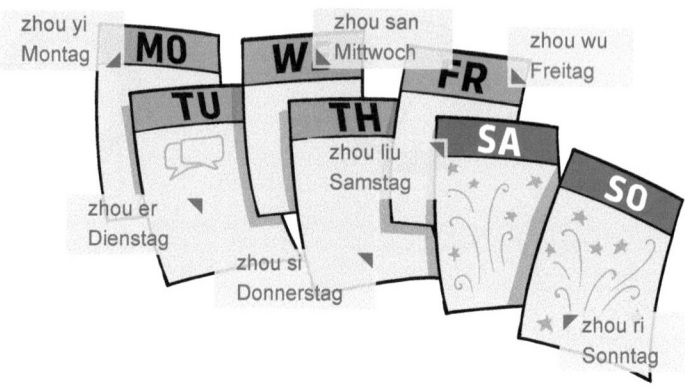

zhou yi
Montag

zhou er
Dienstag

zhou san
Mittwoch

zhou si
Donnerstag

zhou wu
Freitag

zhou liu
Samstag

zhou ri
Sonntag

zuo tian

gestern

jin tian

heute

ming tian

morgen

zao chen

Morgen

zhong wu

Mittag

wan shang

Abend

MO	TU	WE	TH	FR	SA	SU
1	2	3	4	5	6	7
8	9	10	11	12	13	14
15	16	17	18	19	20	21
22	23	24	25	26	27	28
29	30	31	1	2	3	4

gong zuo ri

Arbeitstage

MO	TU	WE	TH	FR	SA	SU
1	2	3	4	5	6	7
8	9	10	11	12	13	14
15	16	17	18	19	20	21
22	23	24	25	26	27	28
29	30	31	1	2	3	4

zhou mo

Wochenende

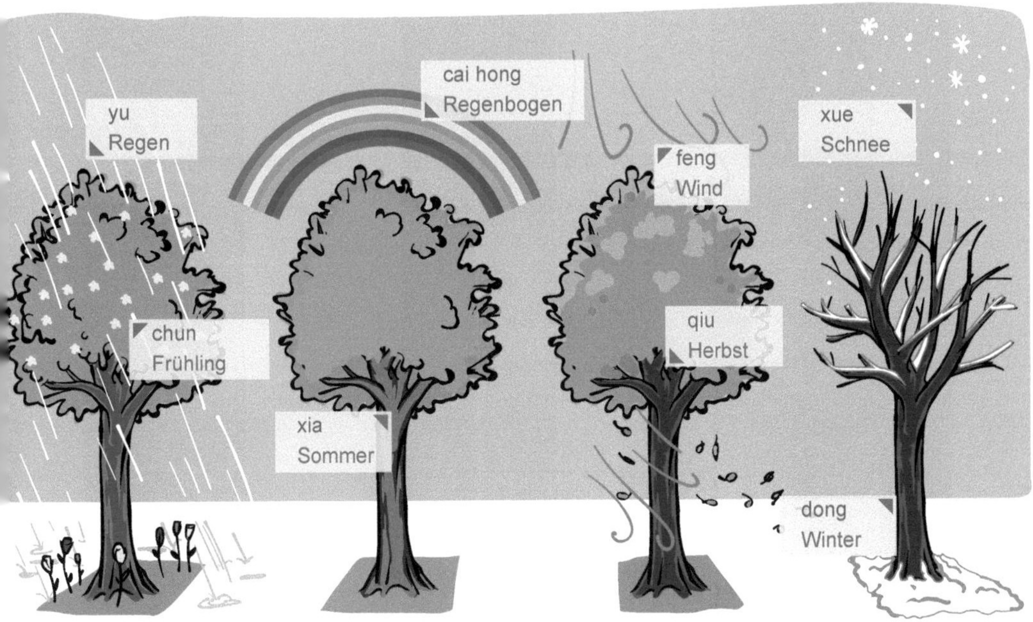

yu
Regen

cai hong
Regenbogen

xue
Schnee

feng
Wind

chun
Frühling

qiu
Herbst

xia
Sommer

dong
Winter

tian qi yu bao

Wettervorhersage

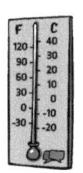

wen du ji

Thermometer

yang guang

Sonnenschein

yun

Wolke

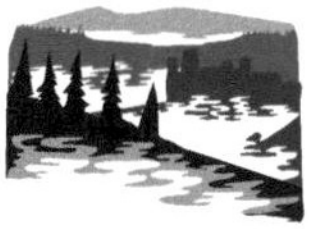

wu

Nebel

chao shi

Luftfeuchtigkeit

shan dian

Blitz

da lei

Donner

feng bao

Sturm

bing bao

Hagel

ji feng

Monsun

hong shui

Flut

bing

Eis

yi yue

Januar

er yue

Februar

san yue

März

si yue

April

wu yue

Mai

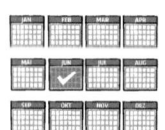

liu yue

Juni

qi yue

Juli

ba yue

August

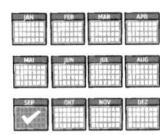

jiu yue

September

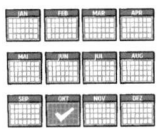

shi yue

Oktober

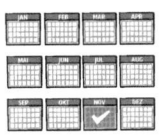

shi yi yue

November

shi er yue

Dezember

Formen

yuan xing

Kreis

zheng fang xing

Quadrat

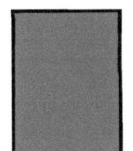

chang fang xing

Rechteck

san jiao xing

Dreieck

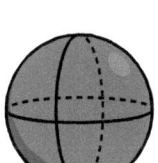

qiu ti

Kugel

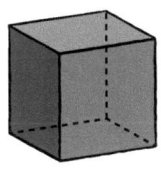

li fang ti

Würfel

bai

weiß

huang

gelb

cheng

orange

fen

pink

hong

rot

zi

lila

lan

blau

lü

grün

zong

braun

hui

grau

hei

schwarz

hen duo/shao xu

viel / wenig

sheng qi/ping jing

wütend / friedlich

mei/chou

hübsch / hässlich

shou/wei

Anfang / Ende

da/xiao

groß / klein

ming/an

hell / dunkel

xiong di/jie mei

Bruder / Schwester

gan jing/ang zang

sauber / schmutzig

wan zheng/que shi

vollständig / unvollständig

bai tian/wan shang

Tag / Nacht

si/sheng

tot / lebendig

kuan/zhai

breit / schmal

ke shi yong/fei shi yong

genießbar / ungenießbar

xie e/shan liang

böse / freundlich

xing fen/wu liao

aufgeregt / gelangweilt

pang/shou

dick / dünn

di yi/zui hou

zuerst / zuletzt

peng you/di ren

Freund / Feind

man/kong

voll / leer

ying/ruan

hart / weich

zhong/qing

schwer / leicht

e/ke

Hunger / Durst

sheng bing/jian kang

krank / gesund

fei fa/he fa

illegal / legal

cong ming/yu ben

intelligent / dumm

zuo/you

links / rechts

jin/yuan

nah / fern

xin/jiu

neu / gebraucht

mei you/you xie

nichts / etwas

lao/you

alt / jung

kai/guan

an / aus

da kai/he shang

offen / geschlossen

an jing/chao nao

leise / laut

fu/qiong

reich / arm

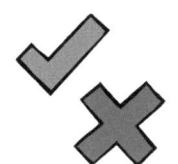

dui/cuo

richtig / falsch

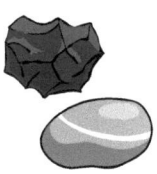

cu cao/guang hua

rau / glatt

shang xin/gao xing

traurig / glücklich

duan/chang

kurz / lang

man/kuai

langsam / schnell

shi/gan

nass / trocken

wen nuan/liang shuang

warm / kühl

zhan zheng/he ping

Krieg / Frieden

0

ling

null

1

yi

eins

2

er

zwei

3

san

drei

4

si

vier

5

wu

fünf

6

liu

sechs

7

qi

sieben

8

ba

acht

9

jiu

neun

10

shi

zehn

11

shi yi

elf

12

shi er

zwölf

13

shi san

dreizehn

14

shi si

vierzehn

15

shi wu

fünfzehn

16

shi liu

sechzehn

17

shi qi

siebzehn

18

shi ba

achtzehn

19

shi jiu

neunzehn

20

er shi

zwanzig

100

bai

hundert

1.000

qian

tausend

1.000.000

bai wan

million

ying yu

Englisch

mei shi ying yu

Amerikanisches Englisch

pu tong hua

Chinesisch Mandarin

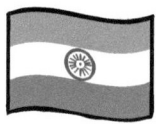

yin di yu

Hindi

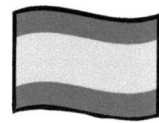

xi ban ya yu

Spanisch

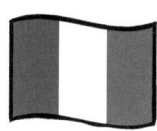

fa yu

Französisch

a la bo yu

Arabisch

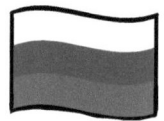

e yu

Russisch

pu tao ya yu

Portugiesisch

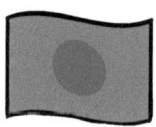

feng jia la yu

Bengalisch

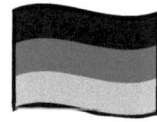

de yu

Deutsch

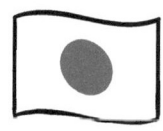

ri yu

Japanisch

wo

ich

ni

du

ta/ta/ta

er / sie / es

wo men

wir

ni men

ihr

ta men

sie

shei?

wer?

shen me?

was?

zen yang?

wie?

na li?

wo?

shen me shi hou?

wann?

ming zi

Name

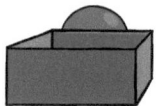

hou mian

hinter

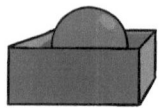

li mian

in

qian mian

vor

shang fang

über

shang mian

auf

xia mian

unter

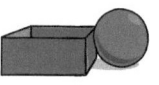

pang bian

neben

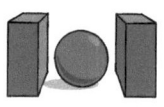

zhong jian

zwischen

di dian

Ort